Caracal

Julie Murray

Abdo Kids Junior es una
subdivisión de Abdo Kids
abdobooks.com

Abdo
ANIMALES INTERESANTES
Kids

abdobooks.com

Published by Abdo Kids, a division of ABDO, P.O. Box 398166, Minneapolis, Minnesota 55439.
Copyright © 2024 by Abdo Consulting Group, Inc. International copyrights reserved in all countries.
No part of this book may be reproduced in any form without written permission from the publisher.
Abdo Kids Junior™ is a trademark and logo of Abdo Kids.

Printed in the United States of America, North Mankato, Minnesota.

052023

092023

THIS BOOK CONTAINS
RECYCLED MATERIALS

Spanish Translator: Maria Puchol

Photo Credits: Getty Images, Minden Pictures, Shutterstock

Production Contributors: Teddy Borth, Jennie Forsberg, Grace Hansen

Design Contributors: Candice Keimig, Pakou Moua

Library of Congress Control Number: 2022950852

Publisher's Cataloging-in-Publication Data

Names: Murray, Julie, author.

Title: Caracal/ by Julie Murray

Other title: Caracals. Spanish

Description: Minneapolis, Minnesota: Abdo Kids, 2024. | Series: Animales interesantes | Includes online
    resources and index

Identifiers: ISBN 9781098267452 (lib.bdg.) | ISBN 9781098268015 (ebook)

Subjects: LCSH: African wildcat--Juvenile literature. | Cats--Juvenile literature. | Cats--Behavior--
    Juvenile literature. | Animals--Juvenile literature. | Zoology--Juvenile literature. | Spanish Language
    Materials--Juvenile literature.

Classification: DDC 599.75--dc23

Contenido

El caracal

Los caracales viven en África y en Asia occidental.

América del Norte

Europa

Asia

África

América del Sur

Oceanía

5

Viven en bosques y **llanuras** cubiertas de pasto.

Los caracales son felinos **salvajes** de tamaño medio.

Son animales fuertes. Pueden pesar más de 40 libras (18 kg).

Su pelaje es de color tostado y blanco. Además tienen marcas negras en la cara.

Sus orejas son grandes y puntiagudas, rematadas con un **penacho** largo y negro.

¡Son rápidos! Pueden correr a 50 millas por hora (80 km/h).

Son buenos escalando.

¡También pueden saltar

muy alto!

Saltan para cazar aves,
pero se alimentan de otros
animales pequeños también.

Características

cuerpos fuertes

marcas negras en la cara

orejas puntiagudas
con penacho

pelaje tostado y blanco

Glosario

penacho
mechón de pelo largo.

llanura
área de tierra plana y grande con
muy pocos árboles o sin ellos,
cubierta en ocasiones de pasto alto.

salvaje
que vive de forma natural,
no domesticado.

Índice

Abdo Kids
ONLINE
FREE! ONLINE MULTIMEDIA RESOURCES

¡Visita nuestra página **abdokids.com** y usa este código para tener acceso a juegos, manualidades, videos y mucho más!

Los recursos de internet están en inglés.

Usa este código Abdo Kids

ICK4130

¡o escanea este código QR!